r·

Darja Keller (*1994) lebt in Zürich und schreibt Kurzgeschichten und Essays. 2023 erschien ihr Essay *Dieser Song killt mich jedes Mal* im Sukultur-Verlag. Für das Jahr 2023 wurde ihr ein Freiraumbeitrag des Kantons Zürich sowie das Aufenthaltsstipendium des Aargauer Kuratoriums in Berlin zugesprochen. Seit Oktober 2023 arbeitet sie beim Magazin *annabelle*. *Sihl City* erschien 2022 und ist ihr Debüt.

Darja Keller

Sihl City

Erzählungen

re:sonar verlag

Bibliografische Information der Deutschen Nationalbibliothek
Die Deutsche Nationalbibliothek verzeichnet diese Publikation in der Deutschen Nationalbibliografie; detaillierte bibliografische Daten sind im Internet über https://portal.dnb.de abrufbar.

6. Auflage 2026

Erste Auflage 2022
re:sonar verlag
www.resonarverlag.de
Instagram: @resonar_verlag
Satz und Umschlaggestaltung im Verlag, Carl Philipp Roth
Druck: Libri Plureos GmbH, Friedensallee 273, 22763 Hamburg

Printed in Europe

ISBN 978-3-949048-29-6

Sihl City

Für Lydia

It's been nothing but dreams
It's been nothing but dreams until now

Sihl City

Wir machen das Licht aus.

Stell dir vor, wir hätten uns auf einer WG-Party kennengelernt, sage ich.

Stell dir vor.

Wir tanzen in der dunklen Küche.

Wir stellen uns vor, wir hätten uns auf einer WG-Party kennengelernt.

Du stellst die Musik um: *Pass This On* von The Knife.

Ich schaue dich an und ich stelle mir einiges vor.

Über unserem Waschbecken ist ein kleines Licht, das ich erst spät nach meinem Einzug hier entdeckt habe. Wenn man die große Lampe in der Küche abschaltet, kann man die kleine einschalten, das ist dann so eine Art Partybeleuchtung.

Unsere Küche liegt hinter dem Einkaufszentrum *Sihl City*, aber nicht am Fluss.

Ich hatte dich abgeholt, vor dem Eingang des *Sihl City*. Du warst mit dem Fahrrad aus dem Industriequartier hierhergefahren, Wangen und Nase waren rot von der Kälte.

Heute machen wir nach dem Essen das große Licht aus, in der Küche. Ich mache das kleine an, das über dem Waschbecken, und du suchst auf Spotify nach diesem Lied. Wir tanzen; ich habe dich noch nie tanzen sehen. Stell dir eine WG-Party vor, sage ich, zwischen uns viele andere Leute, die Musik ist laut, es riecht nach Rauch und die Luft ist dicht und niemand macht das Fenster auf. Jemand schaltet dauernd das Lied um und jemand anderes regt sich darüber auf. Du nimmst dir irgendein Glas und füllst irgendwas Alkoholisches rein, und aus dem Glas hat wahrscheinlich schon jemand vor dir getrunken, aber das ist dir egal.

Wo wäre diese WG-Party?, fragst du mich.

In einer dieser Wohnungen an der Seebahnstraße, antworte ich. Du nimmst meine Hand und drehst mich einmal um meine eigene Achse. Wir würden in der Küche stehen, sage ich, löse mich von dir und gehe zum anderen Ende des Raums. Ich würde manchmal zu dir rüberschauen, während ich an meinem Bier nippe. *Mhm*, machst du, erzähl weiter. Du trinkst einen Schluck Prosecco.

Dann würden wir dort tanzen, und in dieser WG-Küche wäre es dunkel und verraucht und alle um uns herum wären nahe bei uns, so dass sich Schultern und Hände und Hüften berühren, und wir würden uns dann vielleicht küssen.

Wenn es draußen hell wird, essen wir Blätterteiggebäck am Schaufenster des *Happy Beck* und schauen auf die Dienerstraße. Dann gehen wir raus und zünden uns Zigaretten an. Wir schauen uns lange an und küssen uns noch mal, dann kommt eine Gruppe Männer vorbei und wir hören auf. Der Nachhauseweg ist der Teil unseres Kennenlernens, bei dem wir reden. Weil wir immer noch betrunken sind, ist das Gespräch das bedeutendste auf der ganzen Welt, und die Sonne geht währenddessen beiläufig auf – es wär' ja Sommer.

Wenn wir dann in deiner Wohnung stehen, fährst du fort, würdest du mich fragen, ob ich ein Glas Wasser trinken möchte, und dann würden wir auf deinem Balkon sitzen und rauchen.

Wir wären nervös, sage ich, ich würde mich fragen, was als Nächstes passiert, wie ich rieche, was du von meinem Zimmer hältst, ob du es cool und artsy genug fändest, auch wenn es hinter dem *Sihl City* liegt und nicht an der Seebahnstraße.

Draußen ist es sehr dunkel und novembrig. Das kleine Licht brennt und wir tanzen nicht mehr. Wir schlafen miteinander auf dem kalten dunklen Fußboden der Küche hinter dem *Sihl City*. Auf Spotify läuft Werbung und ich spüre den Prosecco hinter meinen Augenlidern.

Du stehst auf und füllst ein Glas mit Wasser. Dann legst du dich umständlich zurück zu mir auf den Boden und beginnst, mit den Fingerspitzen über meinen Körper zu streichen: von meinem

Hals bis zu meinem Oberschenkel und wieder zurück, eine runde Bewegung.

Ich hole eine Decke aus meinem Zimmer und lege sie über uns. Ich streife meine Unterhose wieder über, sie ist nass. Ich lege mich auf deine Brust, du fasst in mein Haar.

Würdest du mich wieder treffen wollen?, frage ich.

Na klar, sagst du, ich würde an nichts anderes denken.

Ich wär' so nervös, sage ich. Ich würd' denken: Die seh' ich nicht wieder.

Du lachst. Warum denkst du sowas?, fragst du. Ich wickle die Decke enger um uns.

Wir stehen auf und putzen uns die Zähne; dann legen wir uns in mein Bett, wir tragen meine alten Pyjama-T-Shirts und schmiegen uns so eng aneinander, wie es geht. Am nächsten Morgen stehe ich früh auf und bringe dir Kaffee ans Bett. Im *Sihl City* schalten sie heute die Weihnachtsbeleuchtung an. Wir schauen aus dem Fenster; draußen ist es noch nicht richtig hell. Vögel fliegen auf und in Richtung Fluss davon.

Neujahr

Ich kann von nichts je genug kriegen, aber heute bin ich müde. Es ist Neujahr, gestern Abend habe ich mit meinen alten Freundinnen gefeiert. Ich bin abends aus der Stadt rausgefahren. Später waren wir in diesem Club, in den wir mit achtzehn immer gegangen sind. Ich habe meinen besten Freund aus Schulzeiten gefragt, ob ich mit diesem Typen nach Hause gehen sollte, der gerade an der Bar stand und mir meinen zweiten Gin Tonic bezahlte, und er zuckte mit den Schultern: warum nicht. Ich bin mit dem Mann nach Hause gegangen, und er war wirklich nett, er hatte die richtigen Bücher im Regal und sagte mir, er möge meine Stimme, ein merkwürdiges Kompliment, das mir noch nie jemand gemacht hat, außerdem hatten wir uns nicht lange unterhalten, weil es sehr laut war im Club. Im knarzigen Treppenhaus des alten Mietshauses, in dem er wohnte, gab es eine wunderschöne Katze. Das einzig Unangenehme war eigentlich, dass ich zum Nachhausegehen wieder dieses enge Kleid anziehen musste, ich bereue es immer, wenn ich das trage, es ist seidig und rot und klebt an feuchter Haut. Als ich es im Zimmer des Mannes auszog – welche Befreiung –, hörte ich Emilia wie von weit weg in meinem betrunkenen Kopf sagen: Dieses Kleid bringt mich noch um den Verstand.

Heute bin ich einfach müde. Ich bin nicht mal wirklich aufgestanden. Das passiert mir selten. Es ist der erste Tag des Jahres und ich bin nicht aufgestanden. Ich glaube, das ist ein schlechtes Zeichen.

Dabei ist schönes Wetter draußen. Ein erster Januar, an dem die Sonne scheint. Lou ist mit Anna essen gegangen, ich glaube zwar nicht, dass irgendwas offen hat in Altstetten, aber sollen sie es versuchen.

Um halb zwölf bin ich kurz aufgestanden und habe Kaffee getrunken. Da war Lou noch mit Anna im Bett, ich konnte sie hören. Es hat mich seltsamerweise kaum berührt, ich spürte keinen Neid, keine unangenehme Enge, obwohl es normalerweise immer etwas mit mir macht, wenn ich Leute beim Sex höre.

Ich habe das milde, wattige Gefühl, dass sich irgendwas verändert hat, aber ich weiß nicht genau, was. Ich trinke den Kaffee aus, bevor ich mich wieder hinlege, und stelle die Tasse auf den Boden neben meinem Bett.

Nach dem Sex mit dem Mann letzte Nacht bin ich gegangen. Nicht enttäuscht, nicht berauscht, nicht mit einem langen Kuss auf der Türschwelle, nicht mal irgendwie ernüchtert. Ich habe mir einfach meine Unterhose wieder übergestreift, während er im Badezimmer war, vermutlich das Kondom entsorgte, pinkelte, sowas. Ich habe mich nicht vollständig angezogen, nur die Unterhose, das unbequeme Kleid hatte ich gerade vom Boden aufgehoben, als der Mann ins Zimmer zurückkam. Er sah mich an, er verstand. Du kannst gerne hier übernachten, sagte er freundlich; er wusste, dass ich ablehnen würde. Das ist sehr nett, sagte ich. Aber ich geh', glaub', nach Hause.

Hast du denn Verbindungen jetzt nach Zürich, fragte er. Ja, sagte ich, ist ja Silvester. Außerdem ist es sechs Uhr morgens. Okay, sagte er, lächelte und fuhr sich durchs Haar. Es lichtete sich an der Stirn, das stand ihm gut.

Wir umarmten uns zum Abschied, es gab nichts mehr zu sagen.

Mit der S12 fuhr ich am Gleisfeld vorbei, das das Früher vom Heute trennt, die kleinen Lichter leuchteten weiß und gelb, am Horizont wurde der Himmel hell. Früher war ich diese Strecke täglich gefahren. Ich überlegte mir kurz, ein Foto von der Szenerie zu machen, kam mir dabei aber irgendwie traurig vor. Vor kurzem hatte ich gelesen, dass das Gleisfeld nicht nur ein Gleisfeld ist, sondern auch ein Rangierbahnhof. Einer der größten Rangierbahnhöfe Europas. Ich lehnte meinen Kopf an die Scheibe. Ein paar Männer im Abteil neben mir redeten über mich, sie waren jünger, ich verstand nicht genau, was sie sagten. Neben mir saß ein weiterer Typ, der zur Gruppe zu gehören schien, aber er war ganz still und blass, und ich hatte Angst, dass er sich übergibt. Ich sah wieder auf die vorbeiziehenden Lichter, dann fuhren wir in Dietikon ein, noch drei Stationen. Ich dachte an die Katze im Treppenhaus des Mannes und musste plötzlich weinen, ich weiß nicht warum. Mein Sitznachbar neben mir starrte weiterhin auf den S-Bahn-Boden. Gegen halb acht kam ich in Zürich-Altstetten an.

Die Freihofstraße lag still. Ich schloss die Wohnungstür auf, es war dunkel, Lous Zimmertür geschlossen. Ich wusste nicht, was Lou und Anna gestern gemacht hatten, sie hatten es bis sechs Uhr abends jedenfalls noch nicht gewusst, so wie entspannte Leute eben nicht wissen, was sie an Silvester machen, sie haben drei oder vier Partys als Optionen und haben auf keine davon wirklich Lust. Ich bewunderte Lou für diese Gelassenheit.

Als ich in die Küche kam und mir ein Glas Wasser am Hahn füllte, bekam ich Hunger. Ich setzte Wasser für Pasta auf, möglichst leise, um Lou und Anna nicht zu wecken, und holte Tomatenmark aus dem Kühlschrank; Olivenöl, Salz und Pfeffer aus dem Regal. Den Trick hatte mir Emilia verraten. Während ich Penne mit Tomatenmark, Olivenöl, Salz und Pfeffer mit einer Gabel aß, fragte ich mich, warum dieses Essen nur zwischen drei und neun Uhr morgens gut schmeckt und vor allem nur, wenn man vorher tanzen war und getrunken hatte. Dann wurde ich müde. Ich stellte die Schüssel in die Spüle. Es ist zweitausendneunzehn.

Ich verbringe den Rest des Tages im Bett. Neujahr war noch nie ein guter Tag. Das dumpfe Gefühl von Veränderung hört nicht auf, und ich wünschte mir, Lou und Anna kämen zurück und würden mir irgendwas erzählen; was sie gegessen haben, wie ihre Silvesternacht war. Ich denke an den Mann von letzter Nacht und versuche, mir Details in Erinnerung zu rufen; ich versuche, mich an Berührungen zu erinnern oder an sein Gesicht. Nichts kommt mir in den Sinn. Von meinem Bett aus sehe ich einen Streifen der sonnigen Freihofstraße draußen und die Autos in der Garage gegenüber.

Lou und ich wohnen nicht in einem Viertel, das sich besonders gut zum Spazieren eignet. Früher oder später lande ich immer an der Hauptstraße, beim Stadion, beim Schlachthof, alles Destinationen in unmittelbarer Nähe. Am Abend versuche ich es trotzdem. Es ist eine klare Winternacht, die schon vor sechs Uhr abends begonnen hat, und ich denke mir, falls ich einen Laden finde, der offen hat, kann ich mir noch etwas fürs Abendessen kaufen.

Der Shop beim Letzigrund ist tatsächlich geöffnet. Ich gehe rein, auf der kleinen Bank links neben der Glastür sitzen drei ältere Männer, trinken Dosenbier. Der Verkäufer redet mit ihnen. Als ich den Shop betrete, schaut er auf und tritt hinter die Kasse. Ich gehe durch die schmalen Regalzeilen und schaue mir jedes Produkt einzeln an. Ich überlege mir, Cornflakes zu kaufen oder Kondensmilch oder Peanut-Butter-Cups oder Tiefkühl-Cannelloni. Als ich dreimal alle Regale abgelaufen bin und merke, wie der Verkäufer hinter der Kasse ungeduldig wird, nehme ich wahllos eine Dose Kokosmilch aus dem Regal und sage an der Kasse: Noch eine Packung Parisienne Orange, gern, danke, und bezahle mit meiner Debitkarte. Als ich aus dem Laden komme, friere ich mehr als vorher.

Auf dem Heimweg auf der Hauptstraße kommt mir jemand entgegen, ich erkenne sie von weitem, obwohl ich meine Brille nicht trage. Ich erkenne sie an ihrem Gang, sehr langsam, sehr schlendernd. Sie trägt einen schwarzen Plüschmantel, den ich noch nie an ihr gesehen habe. Es ist Emilia, sie sagt: Hallo, bevor ich es sagen kann, also sage ich ihren Namen und versuche, überrascht zu klingen, als hätte ich gerade erst bemerkt, dass sie vor mir steht. Zum Glück ist es dunkel. Wie war Silvester, fragt sie mich, so wie man eine Frage stellt, wenn man kein Gespräch beginnen will. Ganz gut, sage ich, ich habe ein paar alte Freunde getroffen. Ah, sagt sie. Sie fragt nicht, wen denn?, obwohl sie meine alten Freunde kennt. Und du. Ach, sagt sie, ruhig, du weißt ja, ich mag Silvester nicht. Ich nicke. Ich war bei meiner Freundin, fährt Emilia fort, schön, antworte ich etwas zu schnell. Emilia fährt sich durchs Haar, eine Geste, die mich immer noch krankhaft neidisch macht; nie konnte ich mir so durchs Haar fahren wie die anderen Lesben mit langen Haaren, so von vorne, so mit zwei Fingern. Emilias Haare sind länger als meine, sie sind widerspenstig und schön, und Emilia wünscht mir ein frohes neues Jahr und geht. Ich habe heute Pasta mit Tomatenmark und Olivenöl gegessen, sage ich in meinem Kopf noch zu ihr. Emilia geht in Richtung Stadion davon, und ich frage mich, ob ihre neue Freundin da wohnt, gleich beim Schlachthof und im ständigen Lärm der FCZ-Fans, ich versuche, sie zu bemitleiden, aber fühle mich dabei nur elend.

Als ich zurückkomme, schaue ich auf Instagram nach, ob mir der Mann von letzter Nacht eine Anfrage geschickt hat. Hat er nicht. Ich scrolle mich einmal durch Emilias komplettes Profil, jedes Foto einzeln, sie hat keine Bilder mit ihrer Freundin hochgeladen. Dann zwinge ich mich, den Flugmodus einzuschalten, schlendere in Lous leeres Zimmer und nehme wahllos ein Buch aus dem Regal, es ist eine Einführung von Philipp Sarasin zu Michel Foucault. Ich nehme das Buch mit in mein Bett und lese eine halbe Seite. Dann schalte ich das Licht aus und schlafe ein.

Thalia

Thalia und ich hatten uns zwei Wochen nicht gesehen. Unser letztes Treffen war an einem Nachmittag gewesen, und es war sehr heiß. Wir waren schwimmen gegangen am Oberen Letten. Ich kam von der Uni, war verschwitzt und trug meine Brille. Ich fühlte mich unattraktiv. Thalia war auch verschwitzt, ihr Pony klebte an der Stirn, sie trug eine Sonnenbrille und sah heiß aus. Wir kletterten die Leiter beim Frauendeck hinunter und ließen uns treiben. Das Wasser war warm und modrig, Algen schwammen an die Oberfläche. Thalias Prüfungen waren gerade durch. Sie erzählte mir, dass sie am gleichen Abend mit Doro und Lana tanzen gehen würde. Ich wäre gerne mitgegangen, aber sie fragte mich nicht. Ich erzählte ein bisschen von der Uni und von der mündlichen Prüfung, für die ich lernen musste. Wir verabschiedeten uns mit einer Umarmung und ich dachte, so, das war's dann wohl.

Es war ein unschönes Gefühl, vor allem, weil Thalia und ich so gut zusammen waren noch vor ein paar Wochen, wir trafen uns gegen elf Uhr abends am Oberen Letten, und dann knutschten wir eine Stunde lang und gingen getrennt nach Hause. Thalia war zärtlich und charmant und holte mich mit ihrer Vespa bei mir zu Hause ab und es war mir ein wenig peinlich, wie sexy ich mich dabei fühlte, hinter ihr auf diese Vespa zu steigen und mich an ihr festzuhalten und all das, aber ein bisschen war es mir auch egal, dass ich solche Dinge eigentlich lächerlich fand, ich gab mich der Fantasie hin.

Jetzt war es vorbei, und ich wusste es, und ich verspürte – ich kenne dieses Muster – den Stress, die Sache möglichst schnell von mir aus zu beenden, bevor Thalia sich dieselben Gedanken machen und sich entweder gar nicht mehr melden oder verkrampft mit mir Schluss mache könnte, bei einem Eiskaffee im *Stazione Paradiso*, oder noch schlimmer. Darum schrieb ich ihr, eine Woche später.

Wollen wir uns mal treffen in den nächsten Tagen?, schrieb ich. Ich hab' grad bisschen viel los, schrieb sie zurück. Kein Problem, schrieb ich, obwohl es ein Problem war. Schließlich trafen wir uns in der folgenden Woche bei ihr zu Hause. Wir tranken Dosenbier in ihrem Garten, der hinter dem Haus lag. Thalia wohnte an einem Ort in Zürich, der mir paradiesisch erschien. Im Innenhof des Hauses baute sie im Winter mit ihren Mitbewohnerinnen Schneemänner, im Sommer badeten sie im Brunnen. Die Wohnung lag im obersten Stock und hatte winzige Fenster und war trotzdem hell, und hinter dem Haus lag eben dieser kleine Garten, in dem Thalia Kräuter und Gemüse anpflanzte. Ich konnte mir ein Leben mit so viel Umgebung gar nicht vorstellen.

Wir redeten ein bisschen. Ich hatte mein schönstes, weißes, bodenlanges Kleid angezogen, das ich jeden Sommer nur einmal anzog. Dies war das eine Mal. Ich mochte die Dramatik, das Pathos meiner Entscheidung.

Wir tranken je ein Dosenbier und teilten uns dann noch ein drittes. Ich sagte, zwischen uns hat sich etwas verändert, irgendwie. Ich fuhr fort mit, am Anfang, da war alles irgendwie schön und einfach und intensiv, und dann hatten wir dieses Gespräch, und du hast gesagt, dass du gerade nichts Ernstes willst, und vielleicht ist es auch nur Selbstschutz meinerseits, aber seither ist es irgendwie anders, keine Ahnung. Ja, sagte Thalia, ich sehe, was du meinst, es geht mir ähnlich.

Es war dunkel geworden und kühl und wir gingen rauf in ihre Wohnung.

Thalias Wohnung hatte kein Wohnzimmer, aber einen Eingangsbereich mit einem weiß bezogenen Sessel und einem weißen Strickteppich, auf den ich mich mit meinem weißen Kleid setzte. Thalia brachte Gläser mit Wasser und ein Schälchen mit Haferkeksen und setzte sich mir gegenüber auf den Teppich. Irgendwie waren wir, nachdem wir ausgesprochen hatten, dass wir wohl mit uns aufhören sollten, wie selbstverständlich zu Wasser übergegangen. Wir redeten lange. Wir legten uns auf den Teppich, ihre Füße an der Eingangstür, meine Füße an der Badezimmertür.

Die Köpfe nebeneinander. Thalia fragte mich: Schläfst du hier?

Ich hab' ein Buch für einen Franken gekauft, im Brocki unter der Hardbrücke, sagte Thalia, als wir im Bett lagen, willst du es sehen? Klar, sagte ich. Thalia reichte mir ein Buch. Ein Diogenes aus dem Jahr 1991. Ich schlug es auf und begann, die erste Seite zu lesen. Irgendwas über ein Mädchen, dessen bunte Kleidung lange und aufwendig beschrieben wurde. Willst du vorlesen?, fragte Thalia. Ich merkte, wie mir etwas warm wurde und wie ich mich viel zu sehr über die Frage freute. Ich las vor.

Das Buch gefiel mir nicht.

Ich habe schon wieder vergessen, was am Anfang passiert ist, sagte Thalia, als ich ihr das Buch nach Seite drei zurückgab, weil ich aufhören wollte zu lesen, bevor sie mir sagte, ich solle damit aufhören. Das ist normal, sagte ich, außerdem ist es auch nicht besonders spannend. Hey! Thalia stieß mich leicht in die Seite. Ich zuckte zusammen. Was willst du damit sagen, dass ich einen schlechten Geschmack habe? Natürlich nicht!, sagte ich und drehte mich etwas zu ihr, auf die Seite. Nur, dass auf den ersten Seiten ja meistens nicht so viel passiert. Thalia tat so, als wäre sie beleidigt, und ich tippte ihr leicht gegen die Schulter und war versucht, meine Hand dort zu lassen. Möchtest du schlafen jetzt, fragte Thalia. Ja, sagte ich schnell, ja, ich bin müde.

Thalia löscht das Licht, und ich drehe mich auf die Seite von ihr weg. Ich spüre, wie sie näher an mich heranrückt, ich spüre jede ihrer Bewegungen und jedes Zögern. Darf ich dich halten, fragt sie, ziemlich schnell. Ja, sage ich noch schneller, ich rücke an sie heran, und sie legt ihren Arm von hinten um mich und ich spüre ihre Lippen auf meinem Rücken und drücke mich an sie. Sie fährt über meinen Bauch und meine Brüste und ich versuche, ruhig zu atmen und ihr zugleich zu verstehen zu geben, dass mir das gefällt, auch wenn es mir vielleicht nur gefällt, weil wir das jetzt beendet haben und es deshalb wieder sicher ist, mit Thalia zu schlafen, weil es jetzt vorbei ist und es darum keinen Grund gibt, sich zu fürchten. Ich drehe meinen Kopf und küsse Thalia auf den Rand ihrer

Lippen und drehe mich dann wieder um, denn eigentlich finde ich es heiß, wie sie sich an mich drückt und meinen Nacken küsst und wie ihre Hand langsam nach unten fährt und dann zögert und sich von meiner Haut löst und über meinen Oberschenkel fährt bis zum Saum meiner Unterhose. Ich finde die Vorstellung heiß, dass sie denkt, dreh dich endlich um. Ich drücke meinen Po gegen ihr Becken, bis sie mit ihrer Hand doch über meine Vulva fährt und ihren Zeige- und Mittelfinger oben an meiner Klitoris liegen lässt und ein wenig drückt, und ich lasse mich so ein wenig bedienen, und ich genieße es, wie sehr sie mich jetzt will, drehe mich schließlich um, damit wir uns doch küssen und ich mir zumindest einbilden kann, dass das jetzt besser ist und inniger denn je, ich fahre mit meiner Hand in ihre Haare und ziehe ihren Körper so nahe an mich wie möglich, ich möchte alle Zuneigung, die sie mir geben kann, ich möchte nicht, dass sie mich nur von hinten will.

Am nächsten Morgen musste Thalia zum Arzt, gegen acht Uhr morgens. Sie ließ mich schlafen.

Sie stellte mir die Dose mit dem gemahlenen Kaffee und den Bialetti-Kaffeekocher neben den Gasherd in der Küche. Ich schaute durch die kleinen Fenster in den Garten hinunter, auf die Gemüsebeete. Ich stellte den Kaffee und den Kocher ins Regal zurück, schlüpfte in meine Sandalen und machte mich auf den Weg.

Allein schlafen

Meine Freundin hat mir gesagt, während wir miteinander in ihrem Bett lagen, schläfrig, die Stadt vor den Fenstern: Ich würde gerne jede Nacht mit dir verbringen, nicht jeden Tag vielleicht, am Tag bin ich gerne manchmal ohne dich, aber jede Nacht. Oh, okay, sagte ich. Du?, fragte sie. Ich nicht, sagte ich, warum nicht?, fragte sie, ich fänd's schön.

Dann würden wir es nicht mehr so sehr schätzen, sagte ich, dass wir einander festhalten können, in der Nacht, meine ich, wenn es selbstverständlich für uns wäre, dann würden wir es nicht mehr so sehr schätzen.

Sie schmiegte sich daraufhin etwas enger an mich, das ist Blödsinn, sagte sie dann, so eine dumme Aussage, meine Mama sagt sowas auch immer, sagt: Wenn du etwas immer hast, dann schätzt du es nicht mehr richtig; was ist das für ein Gedanke, dass wir uns immer ein wenig zurückhalten müssen, damit wir einander gernhaben? Das ist doch so ein dummer Mach-dich-rar-Gedanke, den Heteros immer so performen, darauf sollten wir nicht hereinfallen. Ich jedenfalls schätze dich noch viel mehr, wenn ich dich viel sehen kann, du bist ja kein Spielzeug, das mir irgendwann verleidet.

Ich war überrascht über die Heftigkeit ihrer Antwort, dachte kurz darüber nach, während ich mein Gesicht in ihrem Haar vergrub, und stimmte ihr dann zu. Sie hatte recht, ich hatte einen Allgemeinplatz von mir gegeben, eine Nullaussage; nichts, woran ich selbst wirklich glaubte. Also sagte ich, du hast Recht, das stimmt nicht, natürlich würden wir das gemeinsame Übernachten nach wie vor schätzen. Ich glaube, das ist nicht der Grund, der Grund ist, ganz einfach: Ich schlafe gern allein.

Ich schlafe gerne allein ein, präzisierte ich nach einer kurzen Pause, ich mag das Gefühl davon, mich in meinem Bett ausstrecken zu können, aber es geht nicht um den Platz, eher um das Gefühl, wenn es noch ganz früh ist am Abend, und ich die Zimmertür hinter mir schließe und mein Handy vom Ladekabel weg und mit ins Bett nehme und einen Roman, den ich neben mein Kopfkissen lege und vielleicht aufschlage und noch ein bisschen lese, dann vielleicht noch ein, zwei Nachrichten beantworte und drei Stories auf Instagram anschaue, dann einen Schluck Wasser aus dem Glas vom Nachttisch nehme und dann: auf die Uhr schauen, denken, Gott sei Dank, erst zehn Uhr abends, und dann stehe ich auf und lösche das Licht. Und dann?, fragte meine Freundin. Dann setze ich mich auf mein Bett und öffne das Fenster. Ich lege meinen Kopf aufs Kissen, lausche den Geräuschen aus dem Hof: das Plätschern des kleinen Brunnens, unter dessen schmalen Wasserstrahl ich im Sommer meine Handgelenke halte, um sie zu kühlen, das Rauschen der Bäume, das Prasseln des Regens, der vom Himmel auf die Wiese und von den Blättern der Bäume auf den Kiesweg fällt, der die Wiese umgibt. Ich höre diese Dinge, sie sind jeden Abend gleich, und manchmal Stimmen von Menschen, von jungen Menschen und alten, die rufen oder lachen, und von Metalldosen, die zusammen gequetscht und in den Mülleimer geworfen werden, das Geräusch von Blech.

Ich lege das Handy neben mein Kopfkissen und das Buch neben mein Bett. Ich höre die Geräusche und manchmal bin ich dann seltsam ergriffen, und das Gefühl in mir kommt auf, dass mein Leben nie schöner sein wird als jetzt. Ein einfaches Glück kommt über mich, das nur für den Moment des Einschlafens zwischen dem Hof und meinem Bett hängt, es hängt sehr temporär und flüchtig da und sagt, das ist die schönste Zeit deines Lebens. Nie wieder wirst du einen besseren Ort finden als dieses Bett, das auf den Hof hinausgeht, nie wieder mehr Frieden als diesen geborgenen Moment eines warmen Abends allein in dem Zimmer, während die Luft von draußen frisch und feucht hereindringt und du weißt, dass du das Fenster offen lassen kannst über Nacht, ohne etwas zu befürchten oder dich zu erkälten, weil du hier in Sicherheit bist. Und dieser Moment hängt da, bis ich einschlafe, und am nächsten Morgen erscheint er mir weit weg, hinter allen Problemen und Ängsten und Sorgen

verborgen, mehr als das: Ich kann mir nicht vorstellen, dass ein so banales Gefühl je über mich gekommen ist, dass ich diesen Gedanken, dieses: nie werde ich glücklicher sein als jetzt, dass ich so etwas Lächerliches jemals gedacht habe.
Darum schlafe ich gern allein.

Theo und ich

Im Herbst 2018 saß ich mit Theo in seiner kleinen Altstadtwohnung mit einem dunklen Fenster auf eine Gasse hinaus, in der Touristen tranken. Wir zogen uns an und wir schminkten uns. Später würden wir auf eine Party gehen.

Wir bereiteten uns anders vor aufs Feierngehen als die Heteros. Wir nahmen uns viel Zeit. Wir verglichen Frisuren und Klamotten. Theo streute Volumenpuder auf meinem Haaransatz. Jetzt musst du's verteilen, schnell!, rief er. Sonst bekommst du weiße Haare.

Ich konnte mich nicht entscheiden, ob ich Hosen tragen wollte oder ein Kleid. Trag das Kleid, sagte Theo, das ist großartig. Das sieht aber nicht gay aus, sagte ich. Und dann noch die langen Haare. Ach was, sagte Theo. Es sieht aus wie du, sagte er. Ich zog das Kleid an. Schleppst du jemanden ab?, fragte mich Theo. Du bestimmt vor mir, antwortete ich.

Theo zog ein goldenes Hemd an und dann eines, das eine Oberfläche aus Samt hatte. Ich fuhr mit meiner Hand über seinen Arm. Der Samt war ganz weich. Schon nice, sagte ich. Ja, oder? Theo drehte sich vor dem Spiegel in der Küche einmal um die eigene Achse. Du siehst wunderschön aus, sagte ich. *Ahw*, Theo legte seinen Kopf zur Seite, stop it. Er schloss die Augen und lächelte selig, wie immer, wenn man ihm ein Kompliment machte. Manchmal fragte ich mich, ob das Augenschließen eine Art Speicherfunktion hatte, wie ein Knopf, wie diese Kombination auf der Mac-Tastatur, eine Funktion, die den Befehl gibt: Diesen Satz bitte abspeichern und im Ordner *An schlechten Tagen* ablegen. So könnte Theo auf einmal alle Komplimente, die er bekommen hat – und das sind nicht wenige, denn er ist ziemlich beliebt – wieder abrufen. Es wären ziemlich viele von mir dabei. Ich liebe ihn sehr.

Die Partys waren nicht immer besonders gut. Doch damals blieben wir oft trotzdem bis zum Schluss.

Ich habe in der ersten Welle aufgehört zu rauchen und in der zweiten wieder angefangen, weil ich mir einen Bruchteil des Gefühls zurückwünschte, das ich damals hatte, mit Theo, vor dem Spiegel, in dieser Wohnung am dunklen Fenster, oder manchmal auch später, Bruchstücke einer Tanzfläche, Augen schließen und einen Schluck Bier nehmen. Ich versuchte, das Gefühl zurückzuinhalieren, ein- und auszuatmen, auf Lunge, in der Hoffnung, im Teer könnte etwas zurückbleiben von diesen Abenden. Unsere gemeinsame Welt ist kleiner geworden in den letzten Jahren. Mein Kleid hängt im Schrank, und ich wünsche mir, es gäbe eine Gelegenheit, zu der Theo mich wieder überzeugen könnte, es zu tragen.

Josefstraße

Die Josefstraße ist gelb. Sarinas Wohnung liegt ganz am Ende, gleich bei der Josefwiese. Dort spielen ein paar Männer Pétanque. Auf der Straße liegen überall Pollen. Ich rieche an meinem Haar, es riecht nach Fluss und nach kaltem Rauch.

Sarina hatte mir Kaffee ans Bett gebracht. Sie schlief noch einmal mit mir und tastete dann nach ihrem Slip auf der linken Seite der Matratze und zog ihn sich über, auf dem Rücken liegend, das Becken leicht angehoben. Ich schaute ihr dabei zu. Dann griff Sarina nach ihrem BH, setzte sich auf, hakte ihn hinter dem Rücken zu. Ich starrte auf ihre Schulterblätter, auf die Haarspitzen knapp darüber. Dann beugte ich mich vor und gab Sarina von hinten einen Kuss auf die Wange. Sarina drehte sich um und nahm mein Gesicht in die Hände. Ich muss dann bald los, sagte sie und küsste meine Nasenspitze. Klar, ja, sicher, sagte ich und suchte hastig meine Sachen zusammen. Zwischen meinen Beinen war alles immer noch so feucht, dass meine Unterhose, noch klamm vom Baden in der letzten Nacht, sofort wieder nass wurde; ich zog mir meinen Rock über und versuchte, abgeklärt zu wirken.

Ich gehe weiter bis zum Röntgenplatz, der auch gelb ist. Ich gehe weiter bis zur Langstraße, kaufe eine Flasche Fanta am Kiosk. Junge Leute mit Rucksäcken, in denen Badetücher, Mineralwasserflaschen und Dosenbier stecken, fahren gebeugt auf Rennrädern vorbei. Die Luft ist noch heiß und klebrig wie letzte Nacht. Ich rauche eine Zigarette, der Kater setzt nach dem ersten Zug ein, ein Stechen an den Schläfen, ich nehme ein paar Schlucke Fanta zur Kompensation, sie ist bereits lauwarm.

Ich schaue auf mein Handy. *Wir fahren zum Katzensee*, hat Rafael mir geschrieben, *Katja kommt auch und bringt ihre neue Freundin mit*. Ich verspüre sofort das Bedürfnis, auch hinzufahren; ich will von Sarina erzählen, ein wenig zumindest, von gestern Abend und von der Performance, die wir uns angesehen haben und an die ich mich kaum erinnern kann. Von Sarina, die sagte, ich kann mich kaum konzentrieren, wenn ich dich so von der Seite anschaue, schaust du aus wie die Schauspielerin aus *Nymphomaniac*. Und wie wir später dann baden gegangen sind, gleich hier unten. Ich bleibe sitzen, mein Kopf tut weh, manchmal etwas Sommerwind, der gut tut. Ich schließe meine Augen. Sarina liegt auf mir, ich spüre ihren weichen Bauch, ihre Oberschenkel. Sarina atmet auf, als ich in sie eindringe. Ich spüre sie und meine Finger in ihr und ich schmecke das verschwitzte Haar in ihrem Nacken, die Haarspitzen, die auf der Haut kleben, und Sarina klappt meine Beine auseinander und küsst meinen Bauch und die Innenseite meiner Oberschenkel und küsst und beißt und saugt an der unebenen, gekerbten Haut. Ich öffne die Augen, schiebe meinen Rock ein wenig hoch und prüfe meine Oberschenkel; keine Blutergüsse, keine Spuren oder Abdrücke von Sarinas Mund. Enttäuscht drücke ich meine Zigarette an der Armlehne der Bank aus.

Jetzt nach Hause gehen und duschen und dann an den See. Es ist erst gegen elf. Sarina hat nicht gesagt, wo sie noch hin muss, es ist Sonntag, vielleicht besucht sie ihre Eltern, sie wohnen nicht in der Stadt, Sarina ist vor ein paar Jahren zugezogen, genau wie ich, aber sie kennt sich besser aus. Ich gehe hoch auf die Kornhausbrücke und bereue die Zigarette. Unter der Brücke, am Fluss, unten auf den Holzstegen liegen Menschen in Badeanzügen. Körper treiben im Fluss.

Ich schließe die Wohnungstür auf, rufe leise: *Hallo*, aber meine Mitbewohner schlafen wahrscheinlich noch.

Ich wühle in meiner Kommode, suche meinen Badeanzug, finde ihn und öffne das Fenster. Es kommt keine kühle Luft herein. Ich denke an die Jalousien in Sarinas Zimmer. Sarina ist so eine Person, die ihre Jalousien über Nacht herunterzieht und dann erst das Fenster öffnet. Ich lasse immer alles offen. Deshalb habe ich Mückenstiche.

Ich bin so gegen halb eins da, schreibe ich Rafael, ich habe keine Lust zu duschen und ziehe nur den Badeanzug an, ein schwarzes Sommerkleid über, das etwas durchsichtig ist und fast bis zu den Knien reicht. Ich packe eine Wasserflasche ein, Zigaretten und ein Feuerzeug, ziehe mein Frotteetuch von der Stange im Badezimmer und stopfe es in den Beutel. Wenn Sarina nichts vorgehabt hätte und ich länger geblieben wäre, hätte ich sie, ganz spontan, mitnehmen können, aber wahrscheinlich wäre das übertrieben gewesen, und zu schnell, und zu früh.

Die Straßen sind fast leer, ich schwitze, der Weg hoch zum Bucheggplatz kommt mir endlos vor. Dann fahre ich am Radiostudio vorbei und biege ab Richtung Affoltern, die Sonne brennt mir auf den Kopf. Nur wenige Autos sind unterwegs, die Leute an den Bushaltestellen scheinen von der Hitze müde zu sein, alle sind nachlässig angezogen und trinken aus großen Flaschen. Ich denke an Sarinas enge, kleine Küche, und wie wir nach Hause gekommen sind, heute am frühen Morgen, wie Sarina mir noch ein Glas Rosé eingeschenkt und eine Kerze angezündet hat, die auf dem Tisch stand. Die weißen Kerzen standen in grünen, geleerten Weißweinflaschen. Von einer Leine hing getrockneter Lavendel. Ich war so nervös, dass ich mein Glas in einem Zug austrank. Der Wein schmeckte säuerlich. Als Sarina auf mich zukam, ihre Hand unter mein T-Shirt schob, während sie mich küsste, stellte ich mein Glas rasch ab, tastete ihren Rücken hinunter, verbarg mein Gesicht in ihrem Nacken. Sarinas Haut roch nach Flusswasser.

Das ist Louise, sagt Katja. Hey, freut mich, sorry, ich bin total verschwitzt, es ist so heiß heute; kein Problem, sagt Louise. Auch so viele Leute hier, so viele Kinder; so ist das eben am Stadtrand, sagt Rafael, das ist eben nicht der Letten, dafür kostet eine Cola nur drei Franken und nicht zwölf oder so. Ich ziehe mein Kleid aus. Wie war dein Date gestern, fragt Katja, ich muss erst schwimmen gehen, sage ich. Du willst nur die Spannung erhöhen!, lacht Katja und öffnet eine Packung Chips, also war's gut. Okay, ja, es war gut, sage ich, lächle und schaue weg. Rafael sagt, ich komm' auch ins

Wasser, Katja gibt ihrer neuen Freundin Louise einen Kuss auf die Wange und sagt, wir passen auf eure Sachen auf.

Ich glaube, ich steh ein bisschen auf sie, sage ich zu Rafael, als wir über den Holzsteg gehen. Ich binde mir das Haar noch einmal zusammen. Alles ist zerzaust, aber ich wollte es nicht durchbürsten. Haare nach dem Sex durchbürsten ist das Schlimmste. Rafael macht *mhm* und steigt die Leiter hinunter, pisswarm, sagt er, als er bis zum Bauchnabel im Wasser ist, und schwimmt ein paar Züge. Ich steige ebenfalls hinunter ins Wasser und schwimme ihm nach. Ich glaub', ich hab' mich ein wenig verknallt, füge ich hinzu und lege den Kopf nach hinten, damit die Haare nass werden. Nicht schon wieder, sagt Rafael und taucht unter. Hey! Ich versuche, ihn zu stoßen, aber Rafael lacht und schwimmt weg.

Ich war zuvor noch nie in dieser Bar, in der wir gestern Abend waren. Es war eng und laut und Sarina erzählte mir etwas über das Kollektiv, das gleich auftreten würde. Sie kenne einige von ihnen vom Studium, erzählte sie, ihre Arbeit sei interessant, sie würde gerne mal ein Projekt mit ihnen machen, und ich nickte und fragte, was für ein Projekt, aber dann fing die Performance an. An einem Zeitpunkt baten sie jemanden aus dem Publikum, nach vorn zu kommen, und ich versteckte mich hinter Sarina. Sie lachte und griff nach meiner Hand. Später tranken wir ein Bier draußen, und ein paar Leute aus dem Kollektiv stellten sich zu uns. Sie machten Sarina ein Kompliment für etwas, ich verstand nicht genau, für was, und sprachen dann über die Performance. Ich wusste nicht recht, was ich zum Gespräch beitragen sollte. Sarina drehte sich eine Zigarette und leckte das Papier an. Dann reichte sie die Zigarette an mich weiter. Magst du?, sie lächelte mich von der Seite an. Ja, sagte ich, obwohl mir von Selbstgedrehten schlecht wird.

Warum sagst du *oh nein*, sie ist wirklich nett, glaube ich. Wo hast du sie kennengelernt, fragt Rafael. Auf Tinder. Ach. Rafael taucht unter und schwimmt noch weiter raus.

Ich lasse mich auf dem Rücken treiben. Ich stelle mir vor, wie wir an einem langen, dunklen Tisch in einem Hinterhof sitzen, ein langer, dunkler Tisch voller schöner Leute, vor allem Sarinas Freunde würden da sein. Jemand würde Spaghetti schöpfen, Sarina hätte einen Arm um meine Schulter gelegt und in der anderen Hand eine Zigarette.

In der Mitte Schüsseln mit Spaghetti und Saucen und diese Löffel, mit denen man Spaghetti schöpft, diese Kellen mit den Zacken. Sie hätten keine Kerzen aufgestellt, damit sie möglichst keine Mücken anziehen, nur eine kleine Öllampe, so eine, wie mein Vater immer dabeihatte, wenn wir campen waren früher. Es würde irgendeine Art von schöner, melancholischer Musik laufen, mit französischen Texten.

Wie heißt sie noch mal?, fragt Rafael, als wir zum Steg zurückschwimmen. Sarina, pruste ich und tauche ein paar Meter von ihm weg. Ich hab' bei ihr übernachtet. Sie wohnt an der Josefstraße, gleich bei der Josefwiese.

Fancy, sagt Rafael, siehst du sie wieder?

Ich weiß nicht, vielleicht meldet sie sich ja.

Oder du dich.

Weiß nicht, ich hab' sie schon gefragt, ob wir uns wiedersehen können, beim Tschüss-Sagen.

Und dann?

Sie hat mich geküsst, gesagt, wir hören voneinander.

Katja und Louise haben sich Pommes Frites vom Kiosk geholt. Sie bieten Rafael und mir welche davon an. Rafael steht noch, trocknet sich mit seinem grasverklebten Handtuch ab, sein Körper wirft einen Schatten auf mich, ich breite mein Handtuch aus und lege mich darauf. Ich fische ein Pommes Frites aus der Tüte. Rafael zeigt auf mich: Sie hat sich verliebt, sagt er und legt sich neben mich und zieht die Pommestüte zu sich heran. Ach was.

Ich weiß nicht so viel über sie, erkläre ich, als Katja nachfragt. Sie studiert *Fine Arts*, an der Kunsthochschule. Sie fährt gern Fahrrad und mag, glaube ich, französische Musik. *Mhm*, klingt doch gut, sagt Katja.

Auf dem Heimweg gehe ich noch mit Katja, Louise und Rafael bis zu ihrem Wohnblock in Affoltern. Katja und Rafael sind vor kurzem gemeinsam dorthin gezogen; ich habe mitgeholfen, die Kisten bis in den fünften Stock zu schleppen. So idyllisch hier, habe ich gegenüber Rafael gewitzelt. Dabei war ich selbst gerade erst aus Altstetten in die Innenstadt gezogen. Und sowieso sind wir beide vom Land, aus derselben Gegend sogar, wir sind zusammen zur Schule gegangen.

Ich umarme alle, dann steige ich auf mein Fahrrad und fahre die Wehntalerstraße hinunter, die sich ewig lang hinzieht in der Abendsonne, es ist immer noch heiß, der Wind vom Vormittag hat sich gelegt. Die Sonne scheint mir auf den Rücken. Ich rieche nach See und Sonnencreme und Katjas Deodorant.

An der Ampel am Bucheggplatz nehme ich kurz mein Handy aus der Tasche. Sarina hat mir nicht geschrieben.

Vermutlich ist sie mit Freunden unterwegs, ich stelle sie mir als eine Person vor mit einer Clique, mit einem Kreis von auserwählten Menschen, die sich an den Orten dieser Stadt wie selbstverständlich bewegen und aufhalten und sich nie fragen, ob sie auch das Recht haben, dort zu sein; Leute, die in Gruppenchats auf Signal schreiben: Ich bin gerade am Bullingerplatz, kommt ihr auch? Ich bin gerade am Unteren Letten, schaut ihr noch vorbei? Heute Abend später noch auf diese Illegale, sieht man sich?

Während ich weiterfahre, während mein Körper schwer wird vom Sommer, vom Schwimmen, vom Sex, von der Feuchtigkeit und der Hitze, stelle ich mir vor, wie Sarina mir heute Abend schreiben wird und wie wir uns weiter treffen, sachte, in relativ großen Abständen. Sarina würde etwas sagen von wegen, gehen wir es langsam an, ich möchte dich kennenlernen.

Irgendwann, wenn der Sommer schon fast vorbei ist und die ersten Blätter auf der Wasseroberfläche schwimmen, würde ich Sarina mit an den

Katzensee nehmen. Sie würde bei uns sitzen wie Katjas neue Freundin heute Nachmittag, am Anfang wäre sie etwas still. Sarina würde einen schlichten schwarzen Badeanzug tragen.

Wir würden uns sonntagabends, noch etwas müde vom Wochenende, unter der Hardbrücke an den brachliegenden Gleisen treffen, wir würden dort im Kies sitzen, zwischen diesen feinen Blumen, die zwischen den Steinen hervorschauen. Sarina würde eine Flasche Bier und zwei Gläser mitbringen.

Und dann gäbe es diesen Moment, in dem wir über die Kornhausbrücke fahren. Vorher wären wir bei mir gewesen, ich hätte für Sarina gekocht, wir hätten zusammen gegessen und Wein getrunken und dann hätte Sarina gesagt, lass uns noch dort und dort vorbeischauen, eine Freundin von mir stellt gerade aus, in diesem Off-Space an der Gasometerstraße, und dann wären wir auf unsere Räder gestiegen. Es wäre inzwischen Herbst, ein milder Herbst, und Sarina würde eine weiße Hose tragen und ein blaurotes geripptes Oberteil, ich hätte unsere Jacken auf den Gepäckträger geklemmt.

Sarina hat ein Rennrad mit wenigen Gängen und dünnen Rädern, die leicht in Tramschienen landen. Sie beugt sich über den Lenker. Sie fährt vor mir, und ich will nicht allzu sehr auf Sarinas Po starren, aber ich tue es und sehe Sarinas Oberteil ein wenig hochrutschen und einen Streifen von ihrem Rücken.

Und bald wäre es ein wenig vorbei; Sarina würde sich sporadischer melden, und irgendwann würde sie sich ein wenig zu früh am Abend mit mir in einem Café treffen wollen, Sarina wäre freundlich, sie würde, sagen wir, eine Tasse grünen Tee trinken. Ich würde Kaffee bestellen, schwarz. Sarina würde sagen: Ich habe gemerkt, dass ich vielleicht doch nicht, dass wir vielleicht doch nicht.

Ich komme nach Hause. Ich dusche, massiere mein verknotetes Haar mit Pflegespülung ein, bürste es sorgfältig aus und lege mich nackt in mein Bett, zwischen die kühlen Laken. Ich denke an Sarinas Körper. Es ist noch hell draußen. Mücken fliegen durchs Fenster und tanzen über dem Schreibtisch.

Spiegelungen

Bigna und ich fahren abends mit unseren Fahrrädern vom Bullingerplatz zum Anny-Klawa-Platz, zum Lochergut, zum Brupbacherplatz, zum Idaplatz. Wir fahren langsam, schlenkernd nebeneinanderher und halten uns ab und zu an den Händen. Die Lichter beim Eindunkeln am Lochergut sind sehr schön. Die natürliche Abfolge der Plätze, die Menschen, die sich auf ihnen tummeln, Bier trinken, Glacé schlecken, cool herumstehen, geben uns Sicherheit. Manchmal sehen wir Menschen, die wir kennen. Wobei die meisten von ihnen nur Bigna kennt. Dann holen wir ein Bier am Kiosk und setzen uns auf den Boden, denn in diesem Sommer ist jeden Abend jede Bank auf jedem Platz besetzt.

Bigna und ich trinken ein Bier vom Kiosk, ich öffne eine Chipspackung. Sie fragt mich, ob ich den Sex mit Männern früher genossen hätte, und ich sage, ja, natürlich. Denn ich habe es fast immer genossen, ausgezogen zu werden, egal von wem. Die Blicke eines Mannes auf meinem Körper zu spüren, gab mir einen Kick, verschaffte mir eine sofortige Befriedigung. Ich lehne mich an Bignas Schulter. Wir beobachten die Menschen auf dem Platz. Stühle werden herumgerückt. Ein Fahrrad knirscht über Kies. Ein Glas geht kaputt und ein Mann ruft eine Begrüßung quer über den Platz, ein anderer dreht sich nach ihm um, bleibt stehen, lacht.

Meine letzten Sommer habe ich alle in Zürich verbracht. Ich habe mit meiner besten Freundin an langweiligen Abenden amerikanische, in Plastik verpackte Brownies und Vollmilch bei der Tankstelle an der Bullingerstraße gekauft und wir haben sie auf dem Beton der Sportanlage gegessen. Ich habe Pommes serviert und Tische geputzt, auf denen die Sonne Ketchupreste eingebrannt hatte. Ich war mit meinem besten Freund im See baden und danach sind wir mit unseren Rädern von der Landiwiese bis zur Langstraße gefahren, um Pizza zu essen im *La Cucina*, ein Tisch für zwei, wie ein altes Ehepaar. Ich habe den Sommer in Zürich knutschend am Letten verbracht und weinend in meinem Bett am offenen Fenster, das auf einen grünen Hof hinausgeht. Die Sommer meiner Jugend im Mittelland waren ganz anders. Aber etwas blieb gleich, der Sommer öffnete immer Türen: um länger draußen zu bleiben, um sich etwas näher zu kommen, um mehr als einen Schluck Wodka-Orange zu trinken, um einen kürzeren Rock zu tragen.

Vor zehn Jahren, um diese Jahreszeit herum, war ich sechzehn, und Zürich war weit weg. Ich besuchte mit Freunden ein Dorffest in der Gegend, in der ich aufgewachsen bin. Im Vorbeigehen sagte ein erwachsener Mann zu mir: Mit diesen schönen roten Lippen kannst du bestimmt gut blasen.

Ich erzählte es an dem Abend allen. Die Mädchen ekelten sich und lachten. Die Jungen warfen mir Blicke von der Seite zu, und ich fühlte mich, als würde ich endlich dazugehören.

Ich habe rote Lippen damals geliebt. Ich liebe sie immer noch, ich liebe es, wenn jemand nach dem Küssen meine Spuren trägt, diese Spuren aber irgendwann, nach einer Weile herummachen, auch verschwinden: Sie lösen sich auf, wir essen sie auf mit unseren Mündern.

Der Mann damals auf dem Dorffest fand es nicht seltsam, mir zu sagen, dass ich mit meinen roten Lippen sicher gut blasen könne. Vermutlich denkt er heute nicht mehr daran; für mich aber war es ein entscheidender Moment. Ich verstand, dass das Begehren von Männern eine Ressource war, auf die ich nicht verzichten konnte.

Bigna und ich liegen an einem späten Nachmittag gemeinsam auf dem Frauendeck am Letten und ziehen unsere Oberteile aus. Am Letten ist es laut, auf der anderen Seite des Flusses tanzen die Menschen und der Himmel verdunkelt sich. Als wir uns auf die Räder schwingen, fängt es an zu regnen. Bigna fährt schnell, und sie nimmt andere Abzweigungen als ich. Wir wohnen im selben

Quartier, aber auf dem Heimweg nimmt sie jedes Mal eine andere Route als die, die ich genommen hätte. Manchmal verliere ich sie an den Kreuzungen kurz aus den Augen. In diesen Momenten fühle ich mich sehr allein.

Der Beginn meines eigenen Begehrens war vielleicht Mathilda. Ich lernte sie in einem Sommercamp kennen, da war ich zwölf Jahre alt, sie einundzwanzig. Mathilda bemerkte mich kaum, aber ich merkte mir jeden Satz, den sie sagte. Einer von Mathildas Sätzen war: Ich mag mir nicht die Haare kämmen und mir was Anständiges anziehen. Mathilda rauchte unablässig und holte sich beim Essen immer Nachschlag, egal, wie groß die Portionen waren.

Wir sind nass, als wir unsere Räder im Hinterhof an den Zaun schließen. Zu Hause duschen wir. Ich lege Bignas liebstes T-Shirt bereit und trockne sie ab. Sie setzt Wasser für Spaghetti auf und öffnet ein Glas mit Tomatensauce. Wir küssen uns, während das Wasser auf dem Gasherd aufwärmt.

Ich streiche über ihr nasses Haar. Es stürmt und ich schließe alle Fenster, hole die Kräuter meiner Mitbewohnerin vom Fenstersims.

Einige Männer in meinem Leben habe ich sicher begehrt, erzähle ich Bigna, während ich die Spaghetti abgieße, aber bei den meisten habe ich begehrt, wie sie mich begehren. Ich sehnte mich nach dieser Spiegelung; ich konnte in ihren Augen sehen, was sie an mir erregte. Es war ein gutes Gefühl.

Vom Bett aus sehen wir in eine Baumkrone, durch die der Regen peitscht. Neben dem Bett eine halbleere Wasserflasche, auf dem Bett das Buch, in dem ich manchmal lese. Wir halten uns fest.

Bigna nimmt mich von hinten. Ich spüre ihre Vorsicht, ihre Erregung, den Druck ihrer Finger, höre ihren Atem. Ich drehe mich um und sie nimmt mein Gesicht zwischen ihre Hände, wir küssen uns etwas unkoordiniert, etwas atemlos. Ich sage, kannst du dich auf mich legen, und sie tut es und drückt ihre Nase an meinen Hals. Ich streiche über ihr kurzes Haar, es ist jetzt trocken und steht ab im Nacken.

Wir essen Cornflakes, planen einen Ausflug. Sie duscht, dann ich. Sie trägt eine schwarze Hose, ein schwarzes T-Shirt, sie liegt auf dem Bett und scrollt durch Instagram, als ich zurück ins Zimmer komme. Ich lasse das Handtuch fallen und lege mich kurz auf sie, sodass sich unsere Nasenspitzen berühren. Dann stehe ich auf und lege das Handtuch über einen Stuhl. Was ziehe ich an?, frage ich sie.

Es ist ein wiederkehrendes Spiel zwischen uns. Sie stellt sich vor meine Kleiderstange, nimmt ein, zwei Kleider, hält sie am Bügel an meinen Körper, hängt sie zurück an die Stange. Sie macht meine Schubladen auf, die erste, die zweite, die dritte, wühlt sich durch meine Unterwäsche, die Tops, die Röcke, die Strumpfhosen, die T-Shirts, die Bodys, die Pullover, die Hosen. Sie legt Kombinationen von Kleidern neben- und übereinander auf mein Bett, sagt, das vielleicht? Wenn sie sich für ein Outfit entschieden hat, das ich auch mag, dann zieht sie mir den Slip die Beine hoch, hakt den BH für mich ein, knüpft das Hemd zu. Ich schaue sie an, während sie das tut, ihr Blick ist ganz wach, ganz bewusst, während sie mir die Hemdsärmel zurückschlägt, über meinen Rücken streicht, um den Stoff zu glätten, die Socken nach oben zieht. Sie geht zum Schuhregal im Flur und nimmt ein Paar Turnschuhe heraus, stellt sie zurück, sagt: Doch lieber die Docs, oder was denkst du?

Ich erzähle Bigna vom ersten Tag nach unserer ersten gemeinsamen Nacht; sie machte damals Frühstück für mich auf ihrem Balkon. Ich fuhr danach nach Hause und hatte dieses ausgezehrte Schwindelgefühl, ich dachte ständig an ihre Taille, an ihren Bauch, an ihre Stimme an meinem Ohr. Vor dem Einschlafen schickte sie mir in diesen ersten Tagen manchmal Lieder und Trailer von Filmen. Ich schickte kaum etwas zurück. Ich habe einen schlechten Musikgeschmack, den ich mit Neugier an ihrem tarnte.

Bigna trägt einen schwarzen, bodenlangen Mantel und ein weißes Hemd. Ihre hochgewachsene Figur sieht beeindruckend aus vor den dunkelgrünen Bäumen des späten Augusts. Der Sommer hat sich verausgabt, bevor er richtig anfangen konnte. Ich nehme sie an die Hand. Wir fürchten uns beide vor dem Winter.

Abends liege ich im Bett; heute schlafe ich allein. Das Fenster ist offen. Das Gras im Hof ist tiefgrün, es ist, als würde ich darin liegen. Ich erinnere mich an eine andere Frau, in deren Bett ich im Sommer vor ein paar Jahren viele Stunden verbracht habe. Ich wollte sie so sehr spüren, bis ich keine Luft mehr bekam; ich stand tagsüber in meiner Küche vor der Ablage und schaute auf den Kaffeekocher und dachte an ihre Brüste, an ihre markanten Hüftknochen, an ihre langen Beine. Ich dachte an den Rotkäppchensekt, den sie immer für uns kaufte. Sie bestellte Essen für uns, und ich aß meine und ihre Portion, weil ich immer hungrig war und sie nie. Ich erinnere mich an die Nächte im Sommercamp, an Mathilda, wie ich die Decke anstarrte und daran dachte, wie Mathilda sich in die Schlange zur Essensausgabe anstellt, wie ihr Haarsträhnen ins Gesicht hängen.

Ich denke an Bigna, will, dass sie mich verschlingt, dass sich mein Lippenstift in ihrem Speichel auflöst. Ich fahre mit meiner Hand an meinen Schlüsselbeinen entlang, über meinen Bauch, und lasse sie zwischen meinen Beinen liegen. Draußen ist es dunstig und hell.

Inhalt

Darja Keller
@deer.darja
Foto: Carl Philipp Roth